essentials

Springer Essentials sind innovative Bücher, die das Wissen von Springer DE in kompaktester Form anhand kleiner, komprimierter Wissensbausteine zur Darstellung bringen. Damit sind sie besonders für die Nutzung auf modernen Tablet-PCs und eBook-Readern geeignet. In der Reihe erscheinen sowohl Originalarbeiten wie auch aktualisierte und hinsichtlich der Textmenge genauestens konzentrierte Bearbeitungen von Texten, die in maßgeblichen, allerdings auch wesentlich umfangreicheren Werken des Springer Verlags an anderer Stelle erscheinen. Die Leser bekommen „self-contained knowledge“ in destillierter Form: Die Essenz dessen, worauf es als „State-of-the-Art“ in der Praxis und/oder aktueller Fachdiskussion ankommt.

Annette Jünemann

Geschlechterdemokratie für die Arabische Welt

Die EU-Förderpolitik zwischen Staatsfeminismus und Islamismus

Prof. Dr. Annette Jünemann
Helmut-Schmidt-Universität
Hamburg
Deutschland

ISSN 2197-6708
ISBN 978-3-658-04941-6
DOI 10.1007/978-3-658-04942-3
ISSN 2197-6716 (electronic)
ISBN 978-3-658-04942-3 (eBook)

Die Deutsche Nationalbibliothek verzeichnet diese Publikation in der Deutschen Nationalbibliografie; detaillierte bibliografische Daten sind im Internet über http://dnb.d-nb.de abrufbar.

Springer VS

Gedruckt auf säurefreiem und chlorfrei gebleichtem Papier

Springer VS ist eine Marke von Springer DE. Springer DE ist Teil der Fachverlagsgruppe Springer Science+Business Media
www.springer-vs.de

Vorwort

Man wird sie so schnell nicht vergessen, die überwältigenden Bilder von Kairos Tahrir Platz, auf dem im Frühjahr 2011 tausende Menschen erfolgreich gegen das Mubarakregime rebellierten: Bilder von Jungen und Alten, Reichen und Armen, Muslimen und Kopten, Männern und Frauen, die sich allen vordergründigen Gegensätzen zum Trotz in der Forderung nach Würde, Freiheit und Gerechtigkeit vereint hatten. In Europa weckte vor allem die aktive Teilnahme von Frauen an den Arabellions Aufmerksamkeit, da das öffentlich sichtbare weibliche Engagement nicht so recht in das gängige Bild von „den" muslimischen Frauen passt. Mangelnde Kenntnisse der gesellschaftlichen Strukturen der arabischen Nachbarstaaten und infolgedessen stereotype (Fehl-)Wahrnehmungen prägen auch das politische Handeln auf Ebene der Europäischen Union, das im Zentrum der folgenden Ausführungen steht. Der Versuch, einerseits eigene Werte exportieren zu wollen, andererseits aber auch strategische Interessen im Kampf gegen den politischen Islam durchzusetzen, führte zu einer regionalen EU-Geschlechterpolitik, die im Lichte der Arabellions als weitgehend gescheitert bezeichnet werden muss und einer dringenden Reform bedarf. Im Folgenden soll aufgezeigt werden, dass strategische Anpassungen einzelner Instrumente dafür nicht hinreichend sind. Vielmehr bedarf es eines tiefer gehenden Wandels auf Ebene der *Handlungslogiken.* Der Begriff *Handlungslogik* meint mehr als nur die ratio, die hinter einer politischen Entscheidung steht, und inkludiert alle Einflussfaktoren, die das Handeln in einem bestimmten Politikfeld prägen. Das Politikfeld der Geschlechterdemokratie ist von Werten und Normen geprägt, von Interessen und Strategien, aber auch und vor allem von einer kulturalistischen Problemwahrnehmung.

Der Beitrag war ursprünglich Teil des Buches „Arabellions", herausgegeben von Annette Jünemann und Anja Zorob, erschienen 2013 im Verlag Springer VS. Dieses Buch liefert zum einen Länderstudien, in denen aufgezeigt wird, warum man nicht überall von Revolution sprechen kann, welche Formen autoritärer Resilienz vorherrschen und wo es Chancen auf eine friedliche Transformation gibt. Ergänzt werden diese Beiträge durch Querschnittanalysen, die strukturelle Erklärungsfaktoren beleuchten wie z. B. die Rolle der Mittelschichten, die Bedeutung des politischen Islam oder die Auswirkungen des Umbruchs auf die Geschlechterverhältnisse. In diesen übergeordneten Kontext ordnet sich der vorliegende Beitrag ein.

Hamburg, im Januar 2014 Annette Jünemann

Inhaltsverzeichnis

1 Einleitung

Obwohl Frauen maßgeblich zum „Arabischen Frühling“ des Jahres 2011 beitrugen, indem sie sich an der Initiierung und Durchführung der Proteste beteiligten, spielen sie bei der Neuordnung der politischen Strukturen in den Arabischen Transformationsländern keine vergleichbare Rolle mehr (vgl Agapiou-Josephides et al. 2012). Nicht alle sind gewillt, das Ausbleiben einer geschlechterspezifischen Revolutionsdividende zu akzeptieren und so fordern viele Frauen – individuell oder organisiert – Teilhabe an den neu entstehenden politischen Strukturen. Ihr Engagement kommt zur rechten Zeit, denn die Etablierung von Geschlechterdemokratie ist kein Luxus, dem man sich erst zuwendet, wenn alle anderen Probleme der Transformation gelöst sind. Ganz im Gegenteil gilt es das Zeitfenster zu nutzen, in dem die Weichen für die künftigen Ordnungen in Politik und Gesellschaft gestellt werden, also Verfassungen und Wahlgesetze entstehen, sich neue politische Eliten formieren und neue Wirtschaftsstrukturen etabliert werden. Wenn Frauen sich mit ihren geschlechterspezifischen Forderungen nicht von Anfang an in den Transformationsprozess einbringen, kann sich dieses Zeitfenster schnell wieder schließen, wie beispielsweise nach dem algerischen Befreiungskrieg in den 1960er Jahren (vgl. Brac de la Perrière 1997) oder dem Ende der Apartheid in Südafrika in den 1990er Jahren (vgl. Hassim 2003) geschehen. Vor diesem Hintergrund ist mit Colm Regan festzuhalten, dass der Arabische Frühling aus geschlechterdemokratischer Perspektive große Chancen, aber auch erhebliche Risiken birgt:

> While the Arab Spring is not about gender equality per se, it is clear that it presents an opportunity to advance the position and rights of women while, at the same time, representing the danger that old traditions and discriminations will remain in place and could be reinforced if some of the most conservative Islamist parties and candidates consolidate their position in the coming months and years (Regan 2012, S. 244).

A. Jünemann, *Geschlechterdemokratie für die Arabische Welt*, essentials,
DOI 10.1007/978-3-658-04942-3_1, © Springer Fachmedien Wiesbaden 2014

Bewusst wird hier der Begriff ‚Geschlechterdemokratie' genutzt, weil er am umfassendsten ist und engere Konzepte wie ‚Frauenrechte' oder ‚Gleichstellung' integriert. Demokratie ist nicht schlicht als mehrheitsbezogenes Verfahren der Elitenauswahl und Entscheidungsfindung zu begreifen. (Sauer 2003, S. 15) Erst wenn Frauen und Männer ungeachtet ihrer Differenz auf allen Ebenen gleichberechtigt partizipieren können, also in Politik, Ökonomie, Kultur, Wissenschaft und allen anderen gesellschaftlich relevanten Bereichen, ist das Postulat der Geschlechterdemokratie erfüllt. Auf die Notwendigkeit dieser Zielsetzung verweist der *Arab Human Development Report* der Vereinten Nationen, der bereits 2002 zu dem Ergebnis kam, dass die systematische Benachteiligung von Frauen in politischer, ökonomischer, gesellschaftlicher und rechtlicher Hinsicht ein zentrales Entwicklungshemmnis der arabischen Gesellschaften sei (vgl. *Arab Human Development Report* 2002). Nachweislich des im Auftrag der OECD erstellten *Gender Index* rangieren die arabischen Staaten, mit Ausnahme Tunesiens und bedingt auch Marokkos, weit unten am Ende der Skala, so dass man von einem arabischen Exzeptionalismus sprechen kann (vgl. SIGI 2012). Bewusst wird hier von einem arabischen und nicht von einem muslimischen Exzeptionalismus gesprochen. Der Islam spielt zwar in allen politischen Systemen der arabischen Welt eine wichtige Rolle, wie sich u. a. an der herausgehobenen Bedeutung der Sharia in der Rechtsprechung ablesen lässt. Gleichwohl ist keines von ihnen eine dem Iran vergleichbare Theokratie. Die Bedeutung des Islams als Ursache geschlechterpolitischer Defizite wird von europäischen Entscheidungsträgern in der Regel überschätzt. Wie andere Religionen auch, stabilisiert der Islam etablierte Gesellschaftsstrukturen und trägt damit zur Persistenz traditionaler Geschlechterordnungen bei, er ist jedoch nicht die alleinige Ursache patriarchaler Gesellschaftsordnungen in der arabischen Welt.

Im Folgenden soll der Frage nachgegangen werden, welchen Beitrag die EU künftig zur Förderung von Geschlechterdemokratie in den arabischen Transformationsländern leisten kann, mit denen sie politisch und wirtschaftlich eng verbunden ist. Die Frage scheint auf den ersten Blick banal, birgt bei näherer Betrachtung jedoch Dilemmata, die in diesem Beitrag aufgezeigt und konstruktiv bearbeitet werden sollen. Im Kern geht es darum, dass die EU im Rahmen ihrer externen Demokratieförderung im südlichen Mittelmeerraum bislang die Agenda säkularer Frauenrechtsgruppen unterstützt hat. Dies geschah im stillen Einvernehmen mit den autoritären Regimen der Region, die in einem säkularen Staatsfeminismus ein probates Mittel im Kampf gegen den politischen Islam sahen. Seit dem Arabischen Frühling erscheint die bisherige Förderpraxis der EU fragwürdig und verlangt eine Anpassung an die neuen politischen Realitäten. Damit ist nicht nur die Erneuerung des einen oder anderen Förderprogramms gemeint, sondern ein grundlegender Wandel auf Ebene der Problemwahrnehmung.

2 Das Dilemma der EU

Eine der wichtigsten Lehren, die die EU aus dem Arabischen Frühling ziehen musste, ist die Akzeptanz des politischen Islam[1]. Künftig wird die EU – anders als 2006 in Gaza – nicht mehr umhin kommen, demokratisch legitimierte Regierungen zu respektieren, auch wenn ihr dies mit Blick auf den Erfolg islamistischer Parteien in den arabischen Transformationsländern widerstrebt. Zugleich steht die EU jedoch auch gegenüber ihren traditionellen Kooperationspartnerinnen in der Pflicht, den säkularen Frauenrechtsgruppen in der MENA-Region. Sie fühlen sich in dem Maße als Verliererinnen des Arabischen Frühlings in dem islamistische Parteien die Macht erobern. Säkulare Frauenrechtsgruppen erwarten Europas Solidarität im Kampf gegen eine Islamisierung der arabischen Transformationsländer, von der sie die Rücknahme geschlechterpolitischer Errungenschaften der letzten Jahrzehnte befürchten. Wenn die EU es ernst meint mit einer wertegeleiteten Außenpolitik in der MENA Region, und in diese Richtung weist die im Lichte des Arabischen Frühlings erneuerte EU-Nachbarschaftspolitik (vgl. European Commission 2011), dann müsste die EU Frauenrechte zu einem harten Kriterium ihres *more for more* Ansatzes machen, also eine Vertiefung der wirtschaftlichen und finanziellen Kooperation auch an geschlechterpolitische Reformfortschritte des Partnerlandes knüpfen. Damit dürfte sie jedoch an die Toleranzgrenzen zumindest einiger der neu entstehenden Regime in der MENA Region stoßen. Der Respekt vor demokratisch legitimierten islamistischen Regierungen könnte also zu einem Zielkonflikt führen, wenn die EU an der Förderung von Geschlechterdemokratie in diesen Ländern festhalten möchte, zumindest wenn sie sich dabei weiterhin an der Agenda der säkularen Frauenbewegung orientiert.

[1] Zum Zeitpunkt, als dieser Artikel geschrieben wurde, hatten die islamistischen Muslimbrüder die Wahlen in Ägypten gewonnen und stellten mit Mohammed Mursi den Präsidenten. Trotz seines Sturzes im Juli 2013 bleibt der Islamismus ein gesellschaftlich und politisch relevanter Faktor sowohl in Ägypten als auch in der gesamten MENA Region.

A. Jünemann, *Geschlechterdemokratie für die Arabische Welt*, essentials,
DOI 10.1007/978-3-658-04942-3_2, © Springer Fachmedien Wiesbaden 2014

In diesem Beitrag wird untersucht, wie sich die neu einzuübende Toleranz gegenüber dem politischen Islam mit der bisherigen Förderung von Frauenrechten in der MENA Region politisch in Einklang bringen lässt. Dabei sind unterschiedliche Analyseebenen von Relevanz. Geschlechterpolitik ist symbolisch hoch aufgeladen und oft auch Austragungsort für andere politische Konflikte. Um der damit gegebenen Komplexität der Fragestellung Rechnung zu tragen, ist eine genaue Analyse der *Handlungslogiken* notwendig, die dieses Politikfeld prägen. Der Begriff *Handlungslogik* meint mehr als nur die *ratio*, die hinter einer politischen Entscheidung steht und inkludiert alle Einflussfaktoren, die das Handeln in einem bestimmten Politikfeld prägen. Das Politikfeld der Geschlechterdemokratie ist von Werten und Normen geprägt, von Interessen und Strategien, aber auch und vor allem von einer kulturalistischen Problemwahrnehmung.[2]

Dem Aufsatz liegt die These zugrunde, dass der historisch gewachsene Kulturalismus, der hier als dominante *Handlungslogik* verstanden wird, von besonderer Persistenz ist. Er verstellt den Blick auf tiefer liegende Ursachen für tradierte patriarchale Praktiken in der arabischen Welt, die den besonderen Mangel an Geschlechterdemokratie erklären können.[3] Diesen Kulturalismus, der an diskursiv erstellte Raumkonstruktionen gebunden ist – wie *Nord versus Süd, West versus Islam oder Abendland versus Morgenland,* gilt es zu überwinden, denn er führt wie jeder Essentialismus zu einer selektiv verkürzten Wahrnehmung, die den neu entstandenen Problemlagen nicht gerecht wird. Verblüffende Parallelen zwischen der externen Förderung von Geschlechterdemokratie in der arabischen Welt, die Thema dieses Beitrags ist, mit der Umsetzung von Geschlechterdemokratie im Zuge der EU-Osterweiterung, die Gegenstand meiner Forschung vor gut zehn Jahren war, haben zur Entwicklung dieser These geführt. Der Diskurs verlief damals ganz ähnlich, obwohl in Mittel- und Osteuropa kein Islam als vermeintlich alles erklärender Faktor für geschlechterdemokratische Defizite herangezogen werden konnte.

Der Beitrag gliedert sich in acht Kapitel. Der Einleitung (Kapitel eins) und dem Problemaufriss (Kapitel zwei) folgt im dritten Kapitel eine Erläuterung der externen Förderung von Geschlechterdemokratie im Rahmen der EU-Außenbeziehungen. Im vierten Kapitel wird der *Logics-of-Action* Ansatz vorgestellt, der als Analyserahmen dieser Untersuchung dienen soll. Um die Kodetermination von Akteuren und Strukturen herauszuarbeiten, von dem der *Logics-of-Action* Ansatz aus kon-

[2] Die Entwicklung des Analyserahmens geht auf ein Forschungsprojekt unter Leitung von Annette Jünemann zum Thema „Logics of Action“ an der Helmut-Schmidt-Universität zurück. Vgl. Jakob Horst et al. (Hrsg), Ashgate 2013.

[3] Zur Persistenz patriarchaler Praktiken vor, nach und sogar während des Arabischen Frühlings vgl. ausführlich Sholkamy 2012.

struktivistischer Perspektive ausgeht, untersucht das fünfte Kapitel die komplexen Akteurskonstellationen und das sechste Kapitel die das Politikfeld prägenden kulturalistischen Identitäts- und Raumkonstruktionen. Kapitel sieben geht der Frage nach, welche Faktoren jenseits kulturalistischer Erklärungsansätze die signifikante Resilienz patriarchaler Praktiken in der arabischen Welt erklären können. Im achten und letzten Kapitel werden vor dem Hintergrund dieser Analyse die grundlegenden Defizite der bisherigen EU-Politik nochmals zusammengefasst. Davon leiten sich verschiedene Handlungsoptionen ab, mit denen Geschlechterdemokratie im Lichte der politischen Umbrüche des Arabischen Frühlings künftig von der EU gefördert werden könnte.

Wertegemeinschaft EU: Keine Demokratie ohne Geschlechterdemokratie 3

Die Gleichheit der Geschlechter ist als wesentlicher Bestandteil des gemeinschaftlichen Wertekanons vertraglich festgeschrieben und damit inhärenter Bestandteil dessen, was in der EU unter Demokratie verstanden wird.[1] Entsprechend dieser Logik ist die Gleichstellung der Geschlechter auch Bestandteil der externen Demokratieförderung der EU, egal in welcher Region. Der Strategie des *Gendermainstramings*[2] folgend machte die EU die Gleichheit der Geschlechter zu einem Querschnittthema in allen die Außenbeziehungen berührenden Politikfeldern, der Entwicklungskooperation, der Gemeinsamen Außen- und Sicherheitspolitik (GASP), der auswärtigen Kulturpolitik und damit auch der all dies integrierenden Assoziierungspolitik.

Im Rahmen der europäischen Mittelmeerpolitik spielte die Förderung von Geschlechterdemokratie entgegen aller *Gendermainstreaming*-Rhetorik zunächst eine geringe Rolle, wie u. a. ein Report der transnationalen *Euro-Mediterranean Study Commission* kritisiert (vgl. EuroMeSCo 2006, S. 6). Dies änderte sich zumindest graduell mit dem *Euro-Mediterranean Ministerial Meeting on Strengthening the Role of Women in Society*, das im November 2006 in Istanbul stattfand (vgl. Ministerial Conclusions 2006). Im damit eingeleiteten Istanbul-Prozess, dem heute maßgeblichen politischen Rahmen für die vielfältige Förderung von Geschlechterdemokratie im Kontext der Euro-Mediterranen Beziehungen, geht es in erster Linie um die Förderung der politischen Rechte von Frauen und die Verbesse-

[1] Art. 19 EUV (Nichtdiskriminierung) sowie Art. 21 und 23 EU-Grundrechtecharta (Nichtdiskriminierung und Gleichheit von Männern und Frauen).

[2] Gendermainstreaming ist eine rechtlich verankerte Strategie zur Erreichung von tatsächlicher Gleichstellung. Die EU hat sich diese Strategie in ihrer Förderung von Geschlechterdemokratie nach innen wie nach außen zueigen gemacht. Für die Definition vgl. Gender Mainstreaming, Gender KompetenzZentrum. http://www.genderkompetenz.info/genderkompetenz-2003-2010/gendermainstreaming, eingesehen 23.6.2012).

A. Jünemann, *Geschlechterdemokratie für die Arabische Welt*, essentials,
DOI 10.1007/978-3-658-04942-3_3,

rung ihrer Partizipationsmöglichkeiten, sowie um einen besseren Zugang von Frauen zu Bildung und Beschäftigung. Mit ihrem Engagement zur Förderung von Frauenrechten weckte die EU hohe Erwartungen, die mit dem *follow up* des *Istanbul-Action-Plans* (IPA) jedoch enttäuscht wurden. Die Defizite liegen vor allem im Bereich der Implementierung, wie ein Schattenbericht des transnationalen *Euro-Mediterranean-Human-Rights-Network* (EMHRN 2009) feststellt, der 2009 anlässlich einer Nachfolgekonferenz in Marrakesch verfasst wurde:

> The Shadow Report reveals a wide lack of knowledge about the IPA both among governmental and non-governmental actors in the countries concerned, as well as the absence of policies and laws aimed at enhancing gender equality and women's rights which refer explicitly to the IPA. The ‚Progress report', which governments were to submit one year after the adoption of the IPA, failed to raise awareness about IPA neither encouraged public debate about progress of gender equality. In most cases it was not even published – nor were meetings or consultations held with women's rights organisations. (EMHRN 2009, S. 16 f.)

Die mangelhafte Umsetzung des IPA verweist auf grundlegende Probleme bei der Förderung von Geschlechterdemokratie im Rahmen der EU-Außenbeziehungen, ganz unabhängig von der Region, in der sich die EU gerade engagiert. So traten beim Beitrittsprozesses der Ost- und Mitteleuropäischen Länder (MOEL), die vor ihrer Aufnahme in die EU im Jahre 2004 ihre nationale Gesetzgebung an den *acquis communautaire* anpassen mussten, inklusive der umfangreichen geschlechterspezifischen Gesetzgebung im europäischen Primär- und Sekundärrecht, genau die gleichen Probleme auf, die im Schattenbericht über die Implementierung des IPA in der MENA Region beschrieben werden. Verantwortlich für die Defizite war auch in den MOEL ein Mix aus Inkompetenz und Interesselosigkeit auf beiden Seiten, also sowohl bei den zuständigen Beamt_innen in den Beitrittsländern als auch bei den EU-Beamt_innen, die Unterstützungs- und Kontrollfunktionen innehatten (vgl. Pavlik 2005). Danach scheint *Gendermainstreaming* bislang nur in den Dokumenten angekommen zu sein, aber noch lange nicht in allen Köpfen. Als weitere Erschwernis zeigte sich die unzureichende Kommunikation mit den Betroffenen. Der Geschlechterdiskurs während des Beitrittsprozesses war geprägt von unterschiedlichen, zum Teil geradezu inkompatiblen Konzepten von ‚Feminismus'. Viele Frauenrechtsgruppen in den MOEL fühlten sich bevormundet, nicht nur von EU-Beamt_innen, sondern auch von westeuropäischen Frauenrechtsgruppen, die in bester Absicht ihre Unterstützung angeboten, dabei jedoch die Interessen und Wahrnehmungen der Adressatinnen ihrer Bemühungen nur unzureichend im Blick hatten (vgl. Siklova 2005). Inkompetenz und mangelndes Interesse auf staatlicher Ebene gepaart mit mangelnder Sensibilität (auch) auf gesellschaftlicher Ebene sind demnach Probleme, die das Politikfeld der externen Förderung von

Geschlechterdemokratie generell prägen, unabhängig vom Ort und damit auch unabhängig vom kulturellen Kontext. Diese Feststellung ist wichtig, wie an späterer Stelle noch deutlicher werden wird, denn sie hinterfragt binäre Identitätskonstruktionen, die geschlechterpolitische Defizite monokausal bestimmten ‚Kulturräumen' zuschreiben, einst dem ‚rückständigen Osten' und jetzt dem ‚muslimischen Süden'.

4 Logics of Action: Zur analytischen Relevanz von Handlungslogiken

Wir halten die Konstruktion von Identitäten entlang gedachter geografischer Trennlinien generell für unterkomplex, weil sie all diejenigen Strukturen und Praktiken nicht zu erfassen vermag, die das Konstrukt überwölben oder quer dazu verlaufen. Ausgangspunkt des neu entwickelten *Logics-of-Action* Ansatzes (vgl. Horst et al. 2013) ist deshalb die Vorstellung von einem Euro-Mediterranen politischen Raum, mit dem wir uns bewusst von der *geographisch* definierten EuroMed Region abgrenzen, der die kritisierte binäre Identitätskonstruktion inhärent ist. Die EuroMed Region ist bekanntlich ein politisch gewolltes und damit künstliches Konstrukt europäischer Regionalpolitik (vgl. Bicchi 2004), bei dem nach wie vor unklar ist, ob es sich um eine neu zu konstituierende, Europa und den südlichen Mittelmeerraum umfassende *gemeinsame* Region handeln soll, oder nicht doch eher um zwei Subregionen: Eine aus europäischer Perspektive positiv konnotierte nördliche Subregion und eine diese latent bedrohende und entsprechend negativ konnotierte südliche Subregion. Im EuroMed Diskurs, der sich Mitte der 1990er Jahre im Kontext der Euro-Mediterranen Partnerschaft entwickelt hat, vermischen sich beide Definitionen, wobei jedoch der institutionelle Rahmen für die euro-mediterrane Zusammenarbeit ebenso wie die etablierten politischen Praktiken erkennen lassen, dass sich die Wahrnehmung von zwei geradezu antagonistischen Subregionen durchgesetzt hat, von denen die nördliche über mehr Gestaltungsmacht verfügt als die südliche. Mit unserem Konzept eines Euro-Mediterranen politischen Raumes distanzieren wir uns von dieser konstruierten Dichotomie und argumentieren, dass sie zu statisch und zu verallgemeinernd ist, um die Komplexität sehr spezifischer politischer Prozesse in ihren vielfältigen räumlichen und zeitlichen Bezügen erfassen zu können. Der von uns entwickelte Analyserahmen versucht dieser Komplexität Rechnung zu tragen, indem er die *Handlungslogiken* fokussiert, die bestimmte Politikfelder innerhalb des Euro-Mediterranen politischen Raumes in einem ganz konkreten zeitlichen Kontext prägen, hier also die Förderung von Geschlechterde-

A. Jünemann, *Geschlechterdemokratie für die Arabische Welt*, essentials,
DOI 10.1007/978-3-658-04942-3_4, © Springer Fachmedien Wiesbaden 2014

mokratie vor bzw. nach dem Arabischen Frühling. Da der *Logics-of-Action* Ansatz der konstruktivistischen Annahme folgt, dass sich Akteure und Strukturen wechselseitig konstituieren, werden nicht nur die komplexen Akteurskonstellationen beleuchtet, sondern auch die diskursiv erstellten und eng miteinander verzahnten Identitäts- und Raumkonstruktionen, in die sie eingebettet sind und die aufgrund ihrer historischen Wurzeln eine bemerkenswerte Persistenz aufweisen.

Akteurskonstellationen 5

Relevante Akteure, die im Politikfeld der Förderung von Geschlechterdemokratie innerhalb des Euro-Mediterranen politischen Raumes interagieren, sind die Staaten diesseits und jenseits des Mittelmeeres, die EU mit ihren teils supranationalen, teils intergouvernementalen Institutionen, sowie eine Vielzahl gesellschaftlicher Akteure, die auf nationaler, regionaler, internationaler und nicht zuletzt auf transnationaler Ebene interagieren. Im Fokus dieser Studie stehen insbesondere säkulare Frauenrechtsgruppen sowie Frauen, die sich in religiösen Gruppierungen unterschiedlichster Art organisieren. Um einen Überblick über die komplexen Akteurskonstellationen zu vermitteln, sollen im Folgenden Grundüberzeugungen über die Rolle der Frau in Politik und Gesellschaft als Analysekategorie dienen. Was trennt und was vereint die unterschiedlichen Akteure, die sich geschlechterpolitisch engagieren? In wie weit ist ihr Handeln strategisch motiviert? Welche ideellen und materiellen Faktoren prägen ihre jeweiligen Handlungslogiken?

5.1 Säkularismus und Geschlechterpolitik

Für säkular ausgerichtete Frauenrechtsgruppen in den MENA Ländern ist eine strikte Trennung zwischen staatlicher und religiöser Sphäre die wichtigste Voraussetzung zur Umsetzung von Geschlechterdemokratie. Entsprechend scharf positionieren sie sich in ihrer Gegnerschaft zu jeglichem religiösen Fundamentalismus; in ihrem konkreten regionalen Umfeld also in Gegnerschaft zum politischen Islam: „religious fundamentalisms are a major threat to women's rights and freedoms. As long as religions interfere in the political and public sphere, the word ‚moderate' to describe them is deprived of meaning." (RDFL/IFE 2011) Die geschlechterpolitische Zielsetzung säkular orientierter Frauenrechtsgruppen

A. Jünemann, *Geschlechterdemokratie für die Arabische Welt*, essentials,
DOI 10.1007/978-3-658-04942-3_5, © Springer Fachmedien Wiesbaden 2014

fokussiert vor allem die politischen Partizipationsrechte von Frauen sowie das Personenstandsrecht, das in den meisten arabischen Ländern Frauen massiv benachteiligt, etwa in Fragen der Scheidung, des Unterhaltsrechts oder der Rechte am eigenen Kind (vgl. Mashhour 2005). In der Regel engagieren sich in den säkularen Organisationen Frauen mit höherer Bildung, insbesondere Juristinnen, deren Stossrichtung eindeutig emanzipatorisch ist[1]. Viele von ihnen haben in Europa, meist in Frankreich studiert und dabei eine westliche Sozialisation erfahren. Es wäre jedoch zu einfach, wenn man davon auf eine ungefilterte ‚Verwestlichung' schließen wollte. Der Vorwurf der ‚Verwestlichung' ist bereits Teil des binären Diskurses, der in diesem Beitrag problematisiert wird. Denn so wenig wie es ‚den' westlichen Feminismus gibt, gibt es ‚den' arabischen Feminismus. Gleichwohl kann ein gewisser Einfluss auf die Vorstellungen davon, wie die Geschlechterverhältnisse in einer demokratischen Gesellschaft optimal organisiert sein sollten, bei europäisch sozialisierten Aktivistinnen angenommen werden, der jedoch nur ein prägender Faktor unter vielen ist. Insgesamt fällt auf, dass die säkulare Frauenrechtsbewegung international gut vernetzt ist und ihre Kontakte, auch und vor allem zur EU, für ihren politischen Kampf effizient zu nutzen weiß. Bei der Analyse ihrer politischen Aktivitäten ist wichtig, dass Säkularismus nicht mit Atheismus verwechselt wird. Die meisten säkular orientierten Frauen sind gläubige Musliminnen, zu einem geringeren Teil auch Christinnen und nur selten Atheistinnen. Religion ist für sie Teil ihrer privaten, nicht ihrer politischen Identität.

Aus der Gegnerschaft zum politischen Islam erklärt sich eine strategische Allianz, die einige Gruppen der säkularen Frauenrechtsbewegung mit den autoritären Regimen ihrer jeweiligen Länder eingegangen ist. Das beidseitige Interesse an einer Zurückdrängung gesellschaftlicher Islamisierungstendenzen hat autoritäre Regime veranlasst, den Frauenrechtlerinnen gegenüber Konzessionen zu machen, die freilich niemals soweit gingen, den staatlichen Autoritarismus an sich in Frage zu stellen. Frauenrechtsgruppen wurden teilweise vom Staat kooptiert, teilweise aber auch vom Staat selber gegründet und folglich von Vertreter_innen der Zivilgesellschaft gerne als GONGOs[2] belächelt. Eine typische GONGO ist der im Jahr 2000 vom Mubarak Regime gegründete *National Council for Women* (NCW), dessen Vorsitz die *first Lady,* Suzanne Mubarak übernahm. Frauenfreundliche Gesetze, mit denen sich das Regime vor allem nach außen legitimierte, firmierten fortan als *Suzanne Laws* (vgl. Sholkamy 2012, 164 f.). Als der oberste Militärrat der ägypti-

[1] Den Ausführungen liegt die begleitende Beobachtung säkularer Frauenrechts NGOs durch die Autorin zugrunde, die sie im Rahmen ihrer Forschung zur Rolle der Zivilgesellschaft in den Euro-Mediterranen Beziehungen durchführte.

[2] Governmental-Non-Governmental-Organisations.

schen Übergangsregierung den NCW im Februar 2012 reinstallierte, löste er einen Sturm der Entrüstung bei islamistischen Parlamentarier_innen aus, „for defending a Western model that violates Islamic Sharia" (Cunha 2012) Auch in den konservativen Monarchien Jordaniens und Marokkos wird Geschlechterpolitik *top-down* betrieben. In Jordanien engagieren sich Königin Rania und Prinzessin Basma mit bislang mäßigem Erfolg für eine rechtliche Stärkung der Frauen, während in Marokko König Mohammed VI selber mit geschlechterpolitischen Fortschritten der letzten Dekade assoziiert wird. Gleich nach seiner Thronbesteigung im Jahre 1999 hatte er sich des Themas angenommen und die Gleichberechtigung der Frauen zu einem Eckpunkt seiner angekündigten Modernisierungspolitik gemacht. De jure wurden dabei bereits nennenswerte Fortschritte erzielt, deren Implementierung jedoch hinter den Erwartungen zurückbleibt (vgl. Agapiou-Josephides und Benoit-Rohmer 2012). Tunesien, wo Gleichberechtigung in den staatlich gelenkten Medien ebenfalls als ein persönliches Projekt des (damaligen) Präsidenten dargestellt wurde (vgl. Hussein et al. 2012), ist ein besonders prägnantes Beispiel für das strategische Zusammenspiel zwischen autoritärem Regime und säkularen Frauenrechtsgruppen. Im Ergebnis entwickelte Tunesien einen im Vergleich zu allen anderen arabischen Staaten hohen Grad an Geschlechterdemokratie (vgl. Kelly 2010), der jedoch begleitet wurde von kompromissloser Repression aller politischen Kräfte, die den Herrschaftsanspruch des Regimes an sich in Frage stellten. Davon zeugt das Schicksal der Frauenrechtlerin Sihem Bensedrine, einer Galionsfigur des Widerstandes gegen die Diktatur Ben Alis, die in den 1990er Jahren mehrfach inhaftiert und gefoltert wurde, das Land verlassen musste und erst im Januar 2011 nach Tunesien zurückkehrte, dem Tag an dem Ben Ali die Flucht ergriff. Der Preis, den die säkulare Frauenbewegung für die dem Regime abgerungenen geschlechterpolitischen Konzessionen zahlen musste, war hoch und bestand in ihrer Instrumentalisierung als Aushängeschild vermeintlicher Reformbereitschaft gegenüber westlichen Geldgebern. Den Geldgebern, zu denen sie meist selber gute Kontakte unterhielten.

Es ist diese strategische Allianz mit autoritären Regimen, die die geschlechterpolitischen Errungenschaften der letzten Dekaden heute in ein schiefes Licht rückt. Von ihren Gegnern werden diese Fortschritte als Resultate des Staatsfeminismus der alten Systeme diskreditiert. Auch die Partnerschaft säkularer Frauenrechtsgruppen mit internationalen Geldgebern wird ihnen heute, aufgrund der engen Kooperation der autoritären Regime mit dem Westen, von ihren Gegnern negativ angelastet. Dabei hatten die Frauenrechtsgruppen kaum eine andere Wahl. Um ihre zum Teil kostspieligen Projekte umzusetzen, mit denen sie u. a. sozial schwache Frauen finanziell unterstützten, blieb ihnen kaum anderes übrig als sich in die Abhängigkeit sowohl der Regime als auch der ausländischen Geldgeber zu begeben.

5.2 Islamismus und Geschlechterpolitik

Schwieriger ist die Deutung der geschlechterpolitischen Aktivitäten von Frauen, die ihre Identität primär religiös definieren und sich in entsprechenden Parteien oder Bewegungen organisieren. Gemeint sind alle Praktiken, egal ob intendiert oder nicht, mit denen religiös orientierte Frauen die politische und gesellschaftliche Teilhabe von Frauen fördern. Intendiert und damit eindeutig emanzipatorisch sind Ansätze, den Koran aus feministischer Perspektive neu zu interpretieren. Die Soziologieprofessorin Fatima Mernissi (vgl. Mernissi 2004), Beraterin der UNESCO und Mitglied im Beraterstab der Weltbank für den Nahen Osten und Nordafrika, ist die vielleicht bekannteste Repräsentantin eines ‚islamistischen Feminismus', der sich u. a. im *International Congress on Islamic Feminism* organisiert und auf der Überzeugung aufbaut, dass der Koran das Patriarchat nicht rechtfertigt, wenn man ihn zeitgemäß und unter Einbeziehung weiblicher Perspektiven auslegt. Islamistische Feministinnen, die sich das Recht nehmen den ontologischen, theologischen, soziologischen und eschatologischen Status der muslimischen Frau neu zu definieren (vgl. Hassan 1997, S. 217), sind liberalen Strömungen des politischen Islam zuzuordnen. Sie verstehen sich als Teil der globalen Frauenbewegung und zeigen sich offen für die Vielfalt auch europäischer Geschlechterdiskurse. Trotzdem stoßen sie bei dezidiert säkularen Frauenrechtlerinnen auf Kritik, denen allein die Bezeichnung ‚islamistischer Feminismus' bereits als Widerspruch in sich erscheint.

Vom feministischen Islamismus zu unterscheiden sind Praktiken der Selbstermächtigung religiös orientierter Frauen, die einer emanzipatorischen Intention folgen können, aber nicht unbedingt müssen. Ein anschauliches Beispiel dafür ist die Entstehung zahlreicher Arbeitsplätze für Frauen in den karitativen Einrichtungen der Muslimbrüder Ägyptens. In Krankenhäusern und Schulen erhalten auch Frauen aus extrem traditionellen Milieus die Möglichkeit, die private Sphäre des Hauses auf legitime Weise zu verlassen, nämlich als Krankenschwester oder Lehrerin in einer religiösen Einrichtung. Ihre Rolle innerhalb der Familie ändert sich durch die damit einhergehende Reduktion wirtschaftlicher Abhängigkeit vom vordem alleine verdienenden Mann. Sollte letzterer, wie nicht selten der Fall, auch noch arbeitslos werden, wird aus dem Nebenverdienst der Frau der Hauptverdienst. Solche Entwicklungen revolutionieren noch nicht die Geschlechterverhältnisse innerhalb der Familien, führen jedoch zu Verschiebungen und Erschütterungen. All dies kann geschehen, ohne dass der weiblichen Ermächtigung eine politisch bewusste Absicht voran gegangen wäre. In dieser Konstellation verliert letztlich auch das Kopftuch an Bedeutung, das im säkularen Geschlechterdiskurs, ähnlich wie in Frankreich, zum politisch aufgeladenen Symbol weiblicher Unfreiheit avanciert ist. Für religiös orientierte Frauen kann es eine gegenteilige Funktion einnehmen, indem es ihnen den Eintritt in die öffentliche Sphäre erleichtert. Als Ausweis moralischer Integrität schützt es ihren guten Ruf, der in traditionalen Gesellschaften ein hohes soziales Kapital darstellt. Als geschlechterpolitisches Identifikationsmerkmal ist das Kopftuch damit ungeeignet.

5.3 Sozio-ökonomische Determinanten von Geschlechterpolitik

Obwohl das gesellschaftliche Engagement, mit dem der politische Islam in vielen arabischen Ländern ein staatliches Vakuum füllt, vor allem Frauen aus niedrigen sozialen Schichten der Gesellschaft eine Ausweitung ihrer gesellschaftlichen Teilhabe ermöglicht, wäre eine Kategorisierung, die den säkularen Geschlechterdiskurs mit ‚Mittel- und Oberschicht' und den islamistischen mit ‚Unterschicht' gleichsetzt, unterkomplex. Zum einen gibt es auch im islamistischen Spektrum der Gesellschaft wohlhabende Frauen mit Bildung und entsprechender beruflicher Tätigkeit. Und zum anderen sind es nicht nur religiöse Einrichtungen, die armen und ungebildeten Frauen aus überwiegend traditionalen Milieus Arbeitsmöglichkeiten außer Haus verschaffen. Immer mehr arabische Frauen finden Arbeit in den exportorientierten Branchen der Textil- und Elektronikindustrie, weil die geschlechterideologische Vorstellung vom Mann als Familienernährer es erlaubt, Frauen zu Niedriglöhnen einzustellen. Frauen sind damit billiger als die um den gleichen Arbeitsplatz konkurrierenden Männer (vgl. Kreile 2009, S. 261). Von ihrer zumindest partiellen finanziellen Eigenständigkeit können sie Ansprüche an politischer und gesellschaftlicher Teilhabe ableiten und werden in diesem Bestreben auch von etablierten Frauenrechtsgruppen säkularer Prägung unterstützt, wie beispielsweise der *Association démocratique des femmes du Maroc* (vgl. Berriane 2011). So anerkennenswert diese Aktivitäten einzelner NGOs sind, der gesellschaftliche Trend geht in eine gegenteilige Richtung, nämlich in eine Hierarchisierung unter Frauen aufgrund sozialer Ungleichheit. „Gender is one factor in these inequities, but class, family, and power are more important" (Sholkany 2012, S. 165). So beschäftigen in den marokkanischen Großstädten nicht nur privilegierte Karrierefrauen, sondern ein erheblicher Teil der erwerbstätigen Frauen selbst aus den unteren sozialen Schichten Hausmädchen, deren Minimallohn zumeist vom Gehalt ihrer Arbeitgeberinnen bezahlt wird[3]. Auch in Ägypten, um ein weiteres Beispiel zu nennen, haben soziale Ungleichheit und ein starkes Bewusstsein für die eigene soziale Stellung nahezu getrennte Lebenswelten je nach Schichtzugehörigkeit

[3] Vgl. Kreile 2009, S. 261. Die verbreitete Beschäftigung von Hausmädchen erklärt sich u. a. damit, dass berufstätige Frauen in der Regel nicht damit rechnen können, dass ihre Männer sich an den häuslichen Pflichten beteiligen.

etabliert (vgl. Block 2012, S. 58). Das wachsende Wohlstandsgefälle in den arabischen Gesellschaften ist geschlechterpolitisch nicht irrelevant, denn es erschwert die Herausbildung einer großen und schlagkräftigen Frauenbewegung, die alle Segmente der Gesellschaft umfasst. Frauenpolitik ist bislang in erster Linie Thema der Minderheit gebildeter Frauen aus der gehobenen Mittelschicht, die Johanna Block zufolge in ihrem täglichen Leben mit ihren ‚Klientinnen' keinerlei Kontakt haben. Sie werden kaum als Vorbild, sondern eher als fremd und abgehoben wahrgenommen und können damit auch nicht die Rolle von Multiplikatorinnen übernehmen, die die EU und andere westliche Geldgeber ihnen zuschreiben.

5.4 Demographischer Wandel als Determinante von Geschlechterpolitik

Weitgehend unerforscht ist bislang die geschlechterpolitische Rolle religiöser Frauen, die auf kommunaler oder nationaler Ebene, in Ministerien oder Parlamenten, den Weg in die Politik geschafft haben, beispielsweise in Ägypten über die *Freedom and Justice Party, die El Wasat Party* und die *El Noor Party* (vgl. El-Hawary et al. 2011). Die Frage, warum und von wem islamistische Politikerinnen gewählt werden, welche Einstellung sie zur Demokratie haben, wie sie als Gesetzgeberinnen agieren und in wie weit sie tatsächlich Gestaltungsmacht entwickeln können, wird sich mit Blick auf die sehr unterschiedlichen arabischen Transformationsländer erst mit zeitlichem Abstand untersuchen lassen. Ungeachtet ihrer jeweiligen politischen Programmatik sind jedoch alle Frauen in politischen Ämtern durch ihre bloße Existenz bereits eine Manifestation der weiblichen Forderung nach politischen Partizipationsrechten. Während vor allem junge Islamistinnen traditionelle Geschlechterrollen zunehmend in Frage stellen, unterstützen die Älteren eher die konservativen Programme der sie entsendenden religiösen Parteien, mit allen Restriktionen für die Entwicklung von Geschlechterdemokratie. Typisch hierfür ist die Verortung von Frauenrechten im übergeordneten Kontext von Familienrechten bzw. Familienpflichten. Dies verweist auf die nicht zu vernachlässigende Tatsache, dass dem Arabischen Frühling auch ein Generationenkonflikt zugrunde lag, der sich in allen Segmenten der Gesellschaft manifestiert und quer zu allen anderen Konfliktlinien verläuft[4]. Der Aufstand gegen den Autoritarismus richtete sich nicht nur gegen den autoritären Staat, sondern auch gegen die starren Strukturen

[4] Vgl. hierzu auch den Aufsatz von Anja Zorob zum Zusammenbruch des autoritären Gesellschaftsvertrages (Zorob 2013, S. 229–256), in dem auf die hohe Arbeitslosigkeit speziell unter jungen Frauen eingegangen wird.

einer auf Seniorität basierenden traditionalen Gesellschaftsordnung, die den Entfaltungsspielraum der nachwachsenden Generationen über Gebühr begrenzte. So ist zu erwarten, dass vor allem junge Frauen innerhalb islamistischer Parteien und Organisationen Veränderungen bewirken werden.[5]

5.5 Programmatische Gemeinsamkeiten und Inkompatibilitäten

Die hier vorgenommene Kategorisierung der gesellschaftlich relevanten Akteure ist nicht hinreichend, um die sehr viel komplexere Wirklichkeit abzubilden. Denn obwohl säkulare und religiös orientierte Frauen politisch in unterschiedlichen, ja geradezu antagonistischen Lagern stehen, gibt es durchaus auch Schnittmengen in den Positionen. Gemeinsamkeiten finden sich beispielsweise in der Forderung nach politischer Partizipation und materieller Besserstellung von Frauen,u. a. durch besseren Zugang zum Bildungs- und Gesundheitssystem. Mitunter kommt es sogar zu gemeinsamen Aktionen, wie beispielsweise der Kampagne für ein neues, die Frauen weniger benachteiligendes Scheidungsrecht im Jahre 2000 in Ägypten (vgl. Block 2012, S. 59). Schwer kompatibel sind die Positionen hingegen bei Themen wie den familiären Pflichten der Frau oder wenn es um ihre sexuelle Selbstbestimmung geht. Verwirrend für viele europäische Feministinnen mag sein, dass arabische Frauenrechtlerinnen, egal ob säkular oder religiös, oftmals nicht auf das Gleichheitspostulat aufbauen, sondern die biologische Differenz der Geschlechter betonen. Die Vorstellung von der naturgegeben friedfertigen Frau wird erkennbar, wenn z. B. weiblichen Führungskräften die besondere Fähigkeit zugeschrieben wird, zu „Mäßigung und Konzentration in der sozialen und wirtschaftlichen Entwicklung“ beizutragen.[6] Übereinstimmungen zwischen arabischen und westlichen Aktivistinnen lassen sich hingegen in der weit verbreiteten Argumentation finden, dass die Befreiung der Frau nachrangig sei, solange es erst einmal gilt ein ganzes Land zu befreien, wie z. B. Palästina von der israelischen Besatzung, Polen

[5] Zum Generationenkonflikt speziell innerhalb der ägyptischen Muslimbruderschaft vgl. Lübben 2013 S. 279–306.

[6] Aus dem Grußwort von Prinzessin Sumaya bint El Hassan (Jordanien) zur Eröffnung einer Konferenz über ‚Frauen in Führung für nachhaltiges Wachstum‘. In: Mediterranes, 1/2012, S. 3.

vom Kommunismus oder Spanien vom Faschismus. Angesichts der notwendigen Überwindung von Unfreiheit steht für zahlreiche Frauen die Solidarität zwischen den Geschlechtern im gemeinsamen Kampf gegen einen äußeren Feind oder ein verhasstes System im Vordergrund. Auf Kairos berühmt gewordenen Tahrir-Platz betonten etliche Frauen, dass sie in dieser historischen Ausnahmesituation gegen den Autoritarismus des Mubarakregimes kämpften, von dem sie ihr Land gemeinsam mit den Männern befreien wollten.[7]

Nicht alle Aktivistinnen des Arabischen Frühlings sind sich der Tatsache bewusst, dass revolutionäre Umbruchphasen in der Regel ein gesteigertes Bedürfnis nach Ruhe und Wiederherstellung von Sicherheit und Ordnung nach sich ziehen. Postrevolutionäre Transformationsprozesse lassen damit nur wenig Spielraum für eine grundlegende Neuordnung der Geschlechterverhältnisse, die den Kern jeglicher gesellschaftlichen (Neu-) Ordnung berühren (vgl. Harders 2011, S. 149).

5.6 Die EU auf der Suche nach den ‚richtigen' Projektpartnern

Angesichts der komplexen Akteurskonstellation ist es nicht verwunderlich, dass die EU sich schwer tut, die ‚richtigen' Ansprechpartnerinnen für ihre geschlechterpolitischen Projekte zu identifizieren. Relevant wurde die Thematik lange vor dem Arabischen Frühling, konkret ab 1995, als im Rahmen der neu ins Leben gerufenen Euro-Mediterranen Partnerschaft auch eine Partnerschaft im sozialen, kulturellen und menschlichen Bereich initiiert wurde.[8] Damit war die EU, konkret die EU-Kommission, erstmals gezwungen, im südlichen Mittelmeerraum Kooperationsprojekte auf Ebene der Zivilgesellschaft zu initiieren. Den autoritären Regimen in den südlichen Partnerländern waren diese Projekte ein Dorn im Auge, da sie deutlich als Teil einer europäischen *bottom-up*-Strategie zur externen Demokratieförderung erkennbar waren. Die EU wiederum, die ihre Beziehungen zu ihren südlichen Partnerländern mit Blick auf prioritäre Ziele in den Politikfeldern Sicherheit und Handel nicht über Gebühr belasten wollte, ging bei dieser neuen Aufgabe

---

[7] So der Augenzeugenbericht einer jungen Ägypterin im Rahmen einer Veranstaltung zum Arabischen Frühling der Europäischen Akademie Schleswig-Holstein, Sankelmark, 25–27. November 2011.

[8] Für einen Überblick über die Genese und den institutionellen Rahmen der Euro-Mediterranen Beziehungen vgl. Jünemann 2009.

ausgesprochen zurückhaltend vor. Ihr Engagement zur Unterstützung der Zivilgesellschaft beließ sie innerhalb eines von den autoritären Regimen der Partnerländer eng gesteckten Rahmens. Zielgruppe waren damit nur solche Organisationen, die die Macht der herrschenden Regime nicht herausforderten, sondern im weitesten Sinne als Mittler zwischen Staat und Gesellschaft fungierten (vgl. Jünemann 2004). Bei der Wahl ihrer ersten Projektpartner ging die Kommission pragmatisch vor, indem sie bereits bestehende Netzwerke (z. B. der parteinahen politischen Stiftungen Deutschlands) nutzte um in Kontakt zu solchen Akteuren der arabischen Zivilgesellschaft zu gelangen, die von den jeweiligen Regimen einigermaßen geduldet wurden (vgl. Jünemann 2003).

Islamistische Gruppierungen, die den Regimen der meisten südlichen Partnerländern als potentielle Systemopposition galten, fielen damit automatisch als Kooperationspartner der EU weg, und mit ihnen auch alle Frauen, die sich diesen Gruppen zugehörig fühlen. Säkulare Frauenrechtsgruppen genossen hingegen, gerade wegen ihrer anti-islamistischen Programmatik, staatliche Akzeptanz, zumindest solange wie sie die herrschenden Regime an sich nicht in Frage stellten. Sie waren für die EU geradezu ideale Projektpartner, da sie europäischen Vorstellungen von Geschlechterdemokratie nahe standen und nicht zuletzt aufgrund der französischen Sozialisation vieler ihrer Mitglieder die ‚gleiche Sprache' sprachen. Dies ist durchaus wörtlich zu verstehen, denn die EU gewinnt ihre Projektpartner in der Regel durch Ausschreibungen in den offiziellen Sprachen der EU. Wer des Französischen oder Englischen nicht mächtig ist und auch sonst nicht über die notwendige Bildung verfügt, um solche Ausschreibungen überhaupt erst zu finden, hat von vornherein kaum eine Chance auf Teilhabe an einem EU-Projekt. Letztendlich muss auch davon ausgegangen werden, dass viele religiöse Gruppierungen aufgrund einer anti-westlichen Grundhaltung von sich aus wenig Interesse haben, um mit der EU in Kontakt zu treten. Ein Dialog könnte also nur entstehen, wenn die EU sich aktiv darum bemüht.

Über das angeblich trennende Mittelmeer hinweg war somit eine transnationale strategische Interessenkoalition entstanden, die sich aus europäischen und arabischen Regierungen sowie europäischen und säkularen arabischen Frauenrechtsgruppen zusammensetzt. Über den Grad der anzustrebenden Geschlechterdemokratie herrschte freilich genauso wenig Einigkeit wie über den generellen Grad an politischer Freiheit.

Bevor die Frage beantwortet wird, wie die EU sich künftig in den veränderten Akteurskonstellationen verhalten kann, die der Arabische Frühling hervorgebracht hat, soll im folgenden Kapitel die Analyse der relevanten *Handlungslogiken* um eine weitere Schicht vertieft werden. Wurden bisher aus einer akteurszentrierten Perspektive die unterschiedlichen, zum Teil strategischen Handlungslogiken einzelner Akteursgruppen dargestellt, geht es im folgenden um die Identifizierung von Strukturen, die die *Handlungslogiken* des gesamten Politikfeldes prägen. Durch die Untersuchung diskursiv hergestellter Identitätskonstruktionen und deren Verortung in vermeintlichen ‚Kulturräumen' wird verdeutlicht, dass das Politikfeld der Geschlechterdemokratie nicht nur von Werten und Normen geprägt ist, auch nicht allein von den oben erläuterten Interessen und Strategien, sondern vor allem von einer kulturalistischen Problemwahrnehmung, die hier als Fehlwahrnehmung dekonstruiert werden soll. Nur wenn auf Ebene dieser *Handlungslogik* politischer Wandel erfolgt, so die These, ist die EU zu einer grundsätzlichen Anpassung ihrer Politik an die neuen Verhältnisse fähig.

6 Geschlechterpolitik im Kontext kulturalistischer Identitäts- und Raumkonstruktionen

Euro-Mediterrane Politik ist rational und interessengeleitet, aber sie ist auch eingebettet in historisch gewachsene Diskurse, deren negative Wirkkraft sich mit einem reinen *rational-choice* Ansatz nicht fassen lässt. Diese Diskurse sind vielfältig, ähneln sich jedoch in ihrer binären und damit hierarchischen Struktur. Signifikant ist dabei zum einen die Vermischung der Kategorien Identität und Raum und zum anderen eine daran gekoppelte machtpolitische Komponente. Edward Said hat in seinem Standartwerk ‚Orientalism' Genese und Wirkkraft dieser Diskurse über mehrere Jahrhunderte in religiösen und literarischen Texten nachgezeichnet und dabei den Begriff ‚*othering*' geprägt, der auch hier von Bedeutung ist (vgl. Said 1979). ‚*Othering*' meint den diskursiven Prozess der Konstruktion des ‚Anderen' zur Schärfung und Stabilisierung der eigenen Identität, die als ‚kulturelle' Identität konzipiert wird. Diesem Prozess inhärent ist die Tendenz zur Homogenisierung der eigenen Identität durch Negierung interner Differenzen bei gleichzeitiger Hervorhebung der Differenzen gegenüber der anderen, ebenfalls homogen konstruierten ‚Gegenkultur'. ‚*Othering*' basiert auf selektiver Wahrnehmung und anderen Mechanismen der Realitätsreduktion und führt im Ergebnis zur Überhöhung der eigenen kulturellen Identität und zur Abwertung der ‚anderen'. Damit wird eine unterkomplexe Weltsicht diskursiv unterfüttert die – wenn sie zur leitenden *Handlungslogik* avanciert – inadäquate politische Entscheidungen provoziert. Bemerkenswert ist, dass die Rolle der Frau als Kennzeichen der Differenz zwischen vermeintlich antagonistischen Kulturen besonders betont und symbolisch überhöht wird:

> Die Gemeinschaften begreifen das Verhältnis der Geschlechter als zentrales Element der jeweiligen inneren Ordnung, das im kollektiven Bewusstsein die spezifische Identität der eigenen Gemeinschaft ausmacht und diese gegenüber ‚den anderen' abgrenzt. Der Prozess der kollektiven Selbstdefinition beinhaltet immer auch eine Klärung der Platz- und Rollenanweisung für Frauen, die in vielen Kulturen als Verkörperung kollektiver Identitätskonzepte gelten... Für den Zusammenhalt der Gemeinschaften ist die Kontrolle über ‚ihre' Frauen von zentraler Bedeutung. (Kreile 2009)

A. Jünemann, *Geschlechterdemokratie für die Arabische Welt*, essentials,
DOI 10.1007/978-3-658-04942-3_6, © Springer Fachmedien Wiesbaden 2014

Aus der Bedeutung der Frau und ihrer Rolle in der Gesellschaft für die je eigene Identitätskonstruktion ergibt sich die Relevanz der nachstehend skizzierten Diskurse für die vorliegende Untersuchung.

6.1 ‚Nord versus Süd', ‚West versus Islam', ‚Morgenland versus Abendland': Identitätskonstruktion durch binären Reduktionismus

Nord versus Süd etikettiert im weitesten Sinne die entwicklungspolitischen Diskurse im Kontext des so genannten Nord-Süd-Konflikts. In diesem Beitrag ist jedoch der engere Kontext der institutionalisierten Euro-Mediterranen Beziehungen gemeint, die den materiellen Referenzrahmen dieser Untersuchung abgeben. *Nord versus Süd* thematisiert aus europäischer Perspektive die Machtverhältnisse zwischen der als reich und homogen konzipierten EU und den von ihr abhängigen, als ‚schwach' wahrgenommenen südlichen Partnerländern. In diesem Zusammenhang ist beispielsweise das Theorem des demokratischen Friedens einzuordnen, dem zufolge das demokratische Europa seine Stärke nutzt, um der autoritären arabischen Welt zur Demokratie zu verhelfen. Für die südlichen Partnerländer sind eher die Diskurse zu Neokolonialismus und Neoimperialismus im Kontext von *Nord versus Süd* relevant, in denen die europäische Mittelmeerpolitik ganz anders interpretiert wird, nämlich als machtpolitischer Übergriff, der den *Handlungslogiken* der alten Imperial- und Kolonialmächte folgt, sowohl in der Sphäre der Politik als auch der Ökonomie. Die Förderung von Geschlechterdemokratie ist Teil dieser binären Diskurse:

> It seems that the gender question is addressed as a problem of the South, an issue faced by the southern women, and not as a common concern affecting people, both women and men, in the North as well as the South. Therefore the tone seems to be set for the EU to take a paternalistic role vis-à-vis its southern partners: the EU teaches so that the southern partners can learn. (Kynsilehto und Melasuo 2006, S. 214)

Ein weiterer ebenfalls binär angelegter Identitätsdiskurs, in dem die Konstruktion vermeintlicher Kulturräume noch deutlicher wird, lässt sich mit dem Begriffspaar ‚*West versus Islam*' etikettieren. Dieser Diskurs hat nach den Terroranschlägen vom 11. September 2001 an Bedeutung gewonnen und bezieht sich in erster Linie auf die USA, aber im weiteren Sinne auch auf Europa und andere ‚westliche' Akteure. Der Begriff ‚West' kennzeichnet dabei sowohl die geografische Verortung, als auch eine homogen konzipierte politische Kultur. Vergleichsweise unscharf ist der

Begriff ‚Islam' in diesem Diskurs, bei dem unklar bleibt ob die Religion oder die Politisierung der Religion gemeint ist, ob Individuen oder Gesellschaften, ob Organisationen oder Regime. Ungeachtet dieser Ungenauigkeiten wird jedoch auch hier eine homogene Geisteshaltung ‚des Islam' konstruiert. Einer essentialistischen Logik folgend, wird die Religion zum unveränderbaren Kern einer ‚islamischen Kultur' erklärt, die nicht nur ‚anders' ist, sondern auch ‚bedrohlich'. Machtverhältnisse spielen in diesem Diskurs eine noch viel stärkere Rolle als im *Nord versus Süd* Diskurs, denn es geht um die nun auch gewaltsame Austragung eines vermeintlich unüberbrückbaren Antagonismus, wobei beide Seiten sich als Bedrohte bzw. Opfer definieren. Was dem einen 9/11 ist dem anderen der Irakkrieg. Eng verwoben mit diesem Diskurs ist der ältere Diskurs *christliches Abendland versus muslimisches Morgenland*, der sich bis in die Zeit der Kreuzzüge zurückverfolgen lässt. Während jedoch im *Nord versus Süd* Diskurs dem muslimisch konzipierten ‚Süden' ein aufgeklärter säkularer ‚Norden' gegenübergestellt wird, der Platz für Atheisten lässt, fungiert beim Narrativ von *Morgenland versus Abendland* das Christentum als identitätsstiftende Kategorie. Trotz der offensichtlichen Inkohärenzen vermischen sich alle drei Diskurse in der kollektiven Wahrnehmung weitgehend unreflektiert und verdichten sich zu wechselseitigen Feindbildern. Im Zentrum dieser dichotomen kulturalistischen Identitätskonstruktionen steht jeweils die Rolle der Frau.

6.2 Die Rolle der Frau als Repräsentantin kultureller Identität

Dem dominanten europäischen Narrativ zufolge steht dem vor-modernen und rückständigen Islam ein modernes und aufgeklärtes Europa gegenüber, dessen Fortschrittlichkeit sich insbesondere in der Emanzipation der Frau manifestiert. Sie hat scheinbar nichts mehr mit der ‚unterdrückten Orientalin' gemein. Europäische Identitätskonstruktionen über die Aufklärung und den Säkularismus führen dazu, dass die eigenen geschlechterspezifischen Defizite im Euro-Med Kontext systematisch ausgeklammert werden. Die Freiheit der Frau als identitätsstiftendes Merkmal liberaler Gesellschaften wirkt wie ein blinder Fleck auf der Netzhaut, der potentielle Gemeinsamkeiten mit dem ‚anderen' unsichtbar macht. Um die Relativität der vermeintlich so großen Differenz zwischen Europa und der arabischen Welt zu veranschaulichen sei, um nur ein Beispiel zu nennen, auf die Prozentzahlen von Frauen in nationalen Parlamenten verwiesen: 2006 standen sich Marokko mit 10,8 %, Italien mit 11,5 % und Frankreich mit 12,2 % Parlamentarier*innen* ungefähr gleich, im Unterschied zu Tunesien mit 22,8 % weiblichen Abgeordneten (vgl.

EuroMeSco 2006, S. 16). Damit soll nicht bestritten werden, dass die geschlechterpolitischen Defizite in der arabischen Welt größer sind als in anderen Regionen. Die Situation ist jedoch sehr viel komplexer, nicht nur im interregionalen Vergleich, sondern auch im Vergleich zwischen Ländern sowie auch innerhalb von einzelnen Ländern. Diese Komplexität entzieht sich einer eindimensionalen Erklärung durch das Narrativ vom rückständigen Islam.

Ersetzt man den Begriff ‚Islam' mit ‚Religion' wird deutlich, dass die politischen Trennlinien quer stehen zur konstruierten Dichotomie vermeintlich antagonistischer Kulturräume, wie Luise Chappell in einer Studie über die enge Kooperation des Vatikans mit muslimischen Autoritäten im Kontext der Internationalisierung von Frauenrechten nachweist. In dieser Studie dekonstruiert sie zunächst das Narrativ vom säkular-aufgeklärten Norden indem sie auf die politische Macht katholischer Eliten in Europa verweist. In einem zweiten Schritt dekonstruiert sie aber auch die vermeintliche Dichotomie ‚*West versus Islam*' indem sie auf die *transnationale* Kooperation der religiösen Eliten in ihrem Kampf gegen *transnationale* Frauennetzwerke verweist: „The Vatican together with a number of Islamic governments have used their religious standing to advance arguments that sit in direct contrast to the rights agenda proposed by the transnational feminist movement" (Chapell 2004).

Vergleichweise eindimensional ist jedoch auch das ‚südliche' Narrativ, demzufolge Geschlechterdemokratie ein rein westliches Konzept sei, das aggressiv in den Rest der Welt exportiert würde. Diesem Narrativ zufolge wird die westliche Frau ihrer Würde beraubt und zur Ware degradiert, während Frauen in der muslimischen Welt den Schutz der Gemeinschaft und vor allem der Männer genießen. Dieses Identitätskonstrukt, das genauso ahistorisch ist wie ihr ‚westliches' Pendant, steht beispielsweise hinter der Kritik an der UN-Konvention zur Beseitigung jeder Form von Diskriminierung der Frau (CEDAW). Dies geschieht ungeachtet der Tatsache, dass die CEDAW auch dem *Arab Human Development Report*, der ausschließlich von Araber_innen erstellt wird, als universelle Referenz gilt, und ungeachtet der Tatsache, dass es *transnationale* Frauenrechtsnetzwerke waren, die das Prinzip ‚Frauenrechte sind Menschenrechte' normsetzend auf Ebene der UN-Institutionen verankerten (vgl. Kreile 2009, S. 265). Transnationale Kooperationen und transnationale Identitäten haben in einer binären Weltsicht keinen Platz, weil sie die ihr zugrunde liegende Realitätsreduktion als solche entlarven. Damit lösen sie jedoch vermeintliche Inkompatibilitäten auf und eröffnen neue Perspektiven auf die anstehenden Probleme – und ihre Lösungen.

Zur Resilienz patriarchaler Herrschaftsverhältnisse in Zeiten nationaler Bedrängnis

7

Nachdem nachgewiesen wurde, dass ,der Islam' an sich die Resilienz patriarchaler Herrschaftsverhältnisse in der arabischen Welt nicht zu erklären vermag, bleibt gleichwohl die Frage offen, warum der politische Islam gegenwärtig eine besonders restriktive Interpretation der religiösen Ordnung propagiert und wie es kommt, dass dieser Rigorismus offensichtlich auch noch gesellschaftlichen Zuspruch findet.[1] Ein Erklärungsansatz für die breite Akzeptanz patriarchaler Strukturen in Politik und Gesellschaft der arabischen Welt, sowohl bei Männern als auch bei Frauen, fokussiert das Gefühl der Bedrängnis. Danach kann die Besinnung auf die eigenen kulturellen Wurzeln als Abwehrreflex gegen Überfremdung und Identitätsverlust verstanden werden. So wie einst der Kolonialismus als Angriff auf die eigene Identität wahrgenommen wurde, sind es heute Prozesse der Globalisierung und der ,westlichen' Dominanz. Modernisierung einerseits und die Verarmung weiter Teile der Bevölkerungen andererseits schwächen traditionale Herrschaftsverhältnisse, in denen Großfamilien und Familiennetzwerke von Bedeutung sind, und stellen damit auch den darin verankerten geschlechterpolitischen Gesellschaftsvertrag in Frage. Mit seiner Betonung der traditionalen Rolle der Frau in einer auf Gemeinschaft ausgerichteten Gesellschaftsordnung bietet der politische Islam einen religiös legitimierten Gegenentwurf zur ,westlichen' Moderne, mit dem Prozesse der Überfremdung abgewehrt und die eigene, in Bedrängnis geratene Identität stabilisiert werden können (vgl. Kreile 2009, S. 259 f).

> Durch ihre Bindung innerhalb der Familie, nämlich als Mütter und damit Sozialisatorinnen der nächsten Generation, wird den Frauen eine besondere Rolle für den Werte- und Normenerhalt der islamischen Gesellschaft zuteil. Sie werden zu Trägerinnen der Kultur und verkörpern als Inbegriff von Tugend und Moral symbolisch das Fundament einer intakten und integren muslimischen Gesellschaft (Borkstett 2012).

[1] Vgl. hierzu Lübben 2013.

A. Jünemann, *Geschlechterdemokratie für die Arabische Welt*, essentials,
DOI 10.1007/978-3-658-04942-3_7, © Springer Fachmedien Wiesbaden 2014

Die symbolträchtig aufgeladene Überhöhung der Frau als Trägerin und Repräsentantin kultureller Identität ist jedoch keine Besonderheit ‚des Islam', sondern lässt sich auch anderswo beobachten, wo Identitäten unter Druck geraten. Ein anschauliches Beispiel für dieses Phänomen liefert der bis heute nachwirkende Mythos ‚Mutter Polin', der nach der dritten Teilung Polens im 18. Jahrhundert entstand, die damals die polnische Identität massiv bedrohte.

> Aus dieser Zeit stammt der Mythos ‚Mutter Polin', den Adam Mickiewicz... mit seinem Gedicht ‚an die Mutter Polin' (Do Matki Polki) geprägt hat.... Er lebt im nationalen Diskurs weiter und wird den Frauen in Polen als Ideal des weiblichen Engagements für das Allgemeinwohl aller Polen eingeprägt. Das Gedicht hat die Form eines Aufrufs an die Polinnen, ihre Söhne hart zu erziehen. Dieser Aufruf entstand in der Epoche, in der sich die Idee der Nation sehr intensiv entwickelte (Choluj 2003, S. 31).

Die ‚Mutter Polin' kämpft nicht für Geschlechterdemokratie, sondern für die Souveränität ihrer Nation. Und das auch nicht auf gleicher Augenhöhe mit den Männern, sondern im Hintergrund, indem sie die Männer unterstützt und indem sie vor allem die neuen Männer entsprechend erzieht. Eigene Ansprüche stellt sie nicht. Bozena Chuluj erklärt die starke Abneigung polnischer Frauen gegen den ‚westlichen' Feminismus, wie er nach der politischen Wende Anfang der 1990er Jahre zu beobachten war, mit der Nachhaltigkeit der im Mythos ‚Mutter Polin' manifest gewordenen patriarchalen Geschlechterordnung und der Angst vor westlicher Überfremdung (vgl. Choluj 2003, S. 31). Eine weitere Analogie zur derzeitigen Entwicklung in der arabischen Welt ist die Bemächtigung der Geschlechterpolitik durch die Religion.[2] Während es in der arabischen Welt die islamistischen Parteien sind, die durch eine dezidiert patriarchale Programmatik auffallen, nahm in Polen der Katholizismus eine vergleichbare Rolle ein:

> Genau wie die Heilige Maria Jesus erzogen hat, sollte auch die Mutter Polin ihren Sohn erziehen: Zum ‚Martyrium', wenn auch ‚ohne Auferstehung'.... Eine gute Basis für dieses Erziehungsprogramm bildete in Polen der Marienkult, den der polnische König Johannes III Sobieski mit der Krönung der heiligen Mutter Maria zur Königin Polens im Jahre 1665 begründet hatte (Choluj 2003, S. 31).

Der polnische Katholizismus, der nicht nur in Zeiten der polnischen Teilungen, sondern auch während der kommunistischen Zwangsherrschaft eine politische Gegenidentität stiftete, wurde nach deren Zusammenbruch eine maßgebliche, die

[2] Interessant ist, dass nicht nur die katholische Kirche, sondern auch das kommunistische Regime sich des Mythos der ‚Mutter Polin' bediente. Auch der sozialistische Staatsfeminismus baute auf einem genügsamen und der Gemeinschaft verpflichteten Rollenbild der Frau auf.

gesellschaftlichen Ordnungsvorstellungen prägende Kraft.[3] Er verlor jedoch in dem Maße an politischer Bedeutung, in dem Polen seine Identität als Demokratie und als Mitglied der EU konsolidierte. Es scheint, als benötige das moderne Polen keine ‚Gegenidentität' mehr.

In der arabischen Welt hingegen spielen patriarchale Ordnungsvorstellungen heute mehr denn je eine entscheidende Rolle für die Konstruktion einer eigenen, als authentisch wahrgenommenen Identität. Auch wenn der politische Islam sich in erster Linie des Themas bemächtigt hat darf nicht übersehen werden, dass alle Mitglieder der arabischen Gesellschaft mehr oder minder stark von patriarchalen Traditionen und Praktiken geprägt sind, egal ob sie wie die Mehrheit der Gesellschaft Muslime sind, oder einer Minderheit von Christen oder Atheisten angehören. Auch die Kategorisierung der politischen Landschaft in ‚fortschrittlich' und ‚reaktionär' sagt wenig darüber aus, wie die einzelnen Parteien und Gruppierungen zur Geschlechterfrage stehen. In einer durch und durch konservativen Gesellschaft werden Geschlechterfragen übergreifend dem Bereich des privaten und damit des unpolitischen zugeordnet. Die Annahme, dass nur ‚der Islam' oder ‚die Islamisten' Frauenrechte missachten würden, ist ein Mythos, der vor kurzem durch die frauenfeindlichen Praktiken der Militärpolizei des alten Mubarak-Regimes auf schockierende Weise als solcher erkennbar wurde: Nicht Islamisten, sondern die Militärpolizei unterzog am 9. März 2011 Aktivistinnen des Arabischen Frühlings sogenannten ‚Jungfrauentests', eine Praxis die dem Tatbestand der Folter entspricht und darauf zielt, Frauen zu entwürdigen und zum Schweigen zu bringen (vgl. Amnesty International 2012). Ein anderes Mal wurden einer Demonstrantin die Kleider über den Kopf gezogen, so dass ihr blauer BH sichtbar wurde, der fortan zum viel zitierten Symbol für Brutalität und Frauenverachtung des verstoßenen Regimes avancierte (vgl. Coleman 2012). Aber nicht nur die Staatsmacht, selbst die Freiheitskämpfer des Tahrir Platzes zeigten wenig Verständnis für die spezifischen Belange der Frauen. Eine Gruppe von Frauen, die am 8. März 2011 den internationalen Tag der Frau begehen wollte, wurde von männlichen Demonstranten auf dem Tahrir Platz erst verlacht und dann sogar angegriffen (Sholkamy 2012, 168 f). Spätestens zu diesem Zeitpunkt sollte auch den politisch Verantwortlichen in der EU bewusst geworden sein, dass die Dichotomie *Säkularismus versus Islamismus* inadäquat ist, wenn es um die Identifizierung potentieller Kooperationspartner für die Förderung von Geschlechterdemokratie geht. Die neuen Akteurskonstellationen sind sehr viel komplexer und stellen die EU vor enorme Herausforderungen.

[3] Die Macht der katholischen Kirche zeigte sich u. a. 1993, als in Polen ein extrem restriktives Abtreibungsrecht eingeführt wurde, das 2004 durch ein Zusatzprotokoll im polnischen EU-Beitrittsvertrag vor Liberalisierungen im Zuge der Europäisierung geschützt wurde.

8 Handlungsspielräume für die Förderung von Geschlechterdemokratie nach dem Arabischen Frühling

Angesichts der zunehmenden Teilhabe demokratisch legitimierter islamistischer Parteien an der politischen Macht in den arabischen Transformationsländern hat die Interessenkoalition zwischen der EU und den säkularen Eliten ausgedient. Selbst wenn es, beispielsweise in Ägypten, zu einer Restauration des alten Regimes kommen sollte, könnte dieses Konzept nicht wieder aufgegriffen werden, weil es grundlegend diskreditiert ist. Gleichermaßen problematisch wäre es jedoch, die Bedeutung der sensiblen Geschlechterpolitik einfach herabzustufen oder, wie viele Frauenrechtsgruppen befürchten, zur Verhandlungsmasse zu degradieren. Die EU könnte verleitet sein, sicherheitspolitische Themen wie Terrorismus, Migration, oder Energiesicherheit gegenüber den neuen Regimen hart zu verhandeln, im Austausch dafür aber im *low-policy* Bereich der Geschlechterpolitik Kompromissbereitschaft zu zeigen. Ein solcher Ansatz böte sich geradezu an, weil er sich als kulturell sensibel gegenüber islamistisch geführten Regierungen legitimieren ließe. Faktisch ginge er jedoch zu Lasten der Geschlechterdemokratie, einem erklärten außenpolitischen Ziel der Wertegemeinschaft EU.

Sinn dieses Aufsatzes ist es nicht, konkrete geschlechterpolitische Förderprogramme zu entwerfen.[1] Es sollen jedoch einige Anregungen aus den Erörterungen abgeleitet werden, um die EU-Förderung von Geschlechterdemokratie in ihren südlichen Partnerländern auf eine neue, der veränderten Akteurskonstellation angepassten Grundlage zu stellen. Wesentliche Voraussetzung dafür ist eine Abkehr von dem historisch gewachsenen und damit extrem persistenten Kulturalismus, der als dominante, die Problemwahrnehmung prägende *Handlungslogik* identifiziert wurde.

---

[1] Für eine kritische Diskussion der neuesten EU-Ansätze vgl. Jünemann, Annette und Simon, Julia: Europa und die Arabellions: Zur Wiederentdeckung der Zivilgesellschaft in der EU-Mittelmeerpolitik. In: Stratenschulte, Eckart D. (Hrsg.): Grenzen der Integration. Europas strategische Ansätze für die Nachbarregion. Nomos 2013, S. 79–120.

A. Jünemann, *Geschlechterdemokratie für die Arabische Welt*, essentials,
DOI 10.1007/978-3-658-04942-3_8, © Springer Fachmedien Wiesbaden 2014

So sollte die EU, um ihr unterkomplexes Bild der arabischen Welt zu weiten, künftig die regionalen Geschlechterdiskurse intensiver verfolgen, auch und gerade unter Einbeziehung islamistischer Positionen. Hierzu gehören zum einen Neuinterpretationen des Korans aus feministischer Perspektive als auch die Praktiken islamistischer Frauen, die sich in Parteien und politischen Ämtern betätigen. Vor allem junge Frauen im islamistischen Spektrum der Gesellschaft stellen traditionelle Positionen ihrer Parteien in Frage und sind damit wichtige *change agents*. Mögliche Anknüpfungspunkte einer künftigen EU-Förderpolitik können die programmatischen Gemeinsamkeiten sein, die es innerhalb der regionalen Geschlechterdiskurse trotz aller Kontroversen zwischen religiösen und säkularen Positionen gibt, wie z. B. die Forderung nach besserem Zugang von Frauen zum Bildungs- und Gesundheitssystem. Angesichts der aus heutiger Perspektive peinlichen Nähe zum autoritären Staatsfeminismus steht der EU bei alledem die Rolle des Lehrers schlecht zu Gesicht. Um verloren gegangenes Vertrauen wiederzugewinnen und neuerlichen Vorwürfen eines Neo-Kolonialismus die Grundlage zu entziehen, sind Zurückhaltung und Respekt vor der Vielfalt an anderen Meinungen gefragt. Als Referenzrahmen für europäische Forderungen im Rahmen des *more for more* Ansatzes eignen sich deshalb die CEDAW oder der *Arab Human Development Report* sehr viel mehr als das geschlechterpolitische Primär- und Sekundärrecht der EU. Die externe Förderung von Geschlechterdemokratie wäre damit kein Projekt einer Europäisierungsstrategie, sondern würde sich im übergeordneten internationalen Kontext verorten, in dem die *transnationale* Frauenrechtsbewegung eine maßgebliche Rolle spielt. Im Kontext einer Erneuerung der externen Förderung von Geschlechterdemokratie könnten die neuen EU-Delegationen eine positive Rolle spielen, weil sie politisch stärker sind als die alten Vertretungen der Kommission und durch einen besseren Personalschlüssel auch mehr Kapazitäten für zivilgesellschaftliche Kontakte haben. Um diese Rolle wahrzunehmen ist jedoch entsprechendes Personal notwendig, konkret die Einstellung von Frauen, die Arabisch sprechen, Islamwissenschaften oder ähnliches studiert haben und damit eher gefeit sind vor einer Reproduktion kulturalistischer *Handlungslogiken*.

Letztendlich wird die EU erkennen müssen, dass ihre Handlungsspielräume insgesamt gesunken sind, da die neuen Akteurskonstellationen Veränderungen in den interregionalen Machtverhältnissen generieren. Damit verringern sich die potentiellen Einflussmöglichkeiten der EU auf ihre südlichen Partnerländer; ihr *more-for-more* Ansatz könnte bei einigen von ihnen ins Leere laufen. Umso wichtiger wird ein respektvoller und dialogischer Ansatz unter Einbeziehung aller frauenpolitisch engagierten *change agents* in der Region. Kurz- und mittelfristige Erfolge sind wenig wahrscheinlich, eine langfristige Liberalisierung der Geschlechterordnungen ist gleichwohl möglich und zwar in dem Maße, in dem sich die Gesellschaften generell demokratisieren und egalisieren.

Literatur

Agapiou-Josephides, Kaliope, Florence Benoit-Rohmer, Annette Jünemann, Leila Jordens-Cotran, Roberta Aluffi, und Christina Kaili. 2012. Enhancing EU-action to support universal standards for women's rights during transition. Study requested by the European Parliament's Subcommittee on Human Rights. Brussels.

Amnesty International. 2012. Egypt: A year after ‚virginity tests', women victims of army violence still seek justice. http://www.amnesty.org/en/news/egypt-year-after-virgini-ty-tests-women-victims-army-violence-still-seek-justice-2012-03-09. Zugegriffen: 8. Aug. 2012.

Berriane, Yasmine. 2011. „Le Maroc au temps des femmes? La féminisation des associations locales en question", *Année du Maghreb VII*. 332–342. CNRS Editions.

Bicchi, Federica. 2004. The European origins of Euro-Mediterranean practices. Working Paper, Institute of European Studies Berkeley.

Block, Johanna. 2012. Frauenbewegungen in Ägypten. Der Arabische Frühling und säkular orientierte Frauenorganisationen. *Mediterranes* 1 (2012): 57–59.

Borkstett, Isabel. 2012. Gender-Diskurse in Politik und Gesellschaft. Unveröffentlichte Masterarbeit, eingereicht an der Fakultät Wirtschafts- und Sozialwissenschaften, Helmut-Schmidt-Universtität, Universität der Bundeswehr in Hamburg.

Brac de la Perrière, Caroline. 1997. Die algerische Frauenbewegung zwischen Nationalismus und Islamismus. In *Feminismus, Islam, Nation. Frauenbewegungen im Maghreb, in Zentralasien und der Türkei*, Hrsg. Claudia Schöning-Kalender, Aylâ Neusel und Mechthild M. Jansen, 167–184. Frankfurt a. M.: Campus.

Chappell, Louise. 2004. Contesting women's rights: The influence of religious forces at the United Nations. http://www.adelaide.edu.au/apsa/docs_papers/Others/Chappell.pdf. Zugegriffen: 25. Juni 2012.

Choluj, Bozena. 2003. Zugänge zu Geschlechtergerechtigkeit in Ost und West. In *Grenzen Überwinden – Der EU-Erweiterungsprozess aus frauenpolitischer Sicht*, Hrsg. Frauenakademie München. Dokumentation der Konferenz vom 21.–23. Februar 2003. München: Frauenakademie München.

A. Jünemann, *Geschlechterdemokratie für die Arabische Welt*, essentials,
DOI 10.1007/978-3-658-04942-3, © Springer Fachmedien Wiesbaden 2014

Coleman, Isobel. 2012. ‚Blue bra girl' rallies Egypt's women vs. oppression. http://edition.cnn.com/2011/12/22/opinion/coleman-women-egypt-protest/index.html. Zugegriffen: 9. Aug. 2012.

Cunha, Eunice. 2012. Egypt – Where are the women? Blog at WordPress.com. http://ama-dorsquare.wordpress.com/. Zugegriffen: 9. Aug. 2012.

El-Hawary, Haia, Fatima Emam, und Konstanze Gemeinardt-Buschhardt. 2012. Women of the Tahrir Square – secular and religious motivated activists and the constitution of a democratic society. Conference paper. International Conference on: Realigning Power Geometries in the Arab World, Leipzig February 24th–26th 2012.

Euro-Mediterranean Human Rights Network. 2009. *Gender equality in the Euro-Mediterranean region: From plan to action? Shadow report on the implementation of the Istanbul plan of action.* Copenhagen: Euro-Mediterranean Human Rights Network. http://www.euromedrights.org/eng/.

Euro-Mediterranean-Human-Rights-Network. 2011. The EMHRN urges the European Union to fully integrate gender equality in the ‚renewed ENP policy' with its Southern Neighbours. 8.12.2011. http://www.euromedrights.org/gender/gender-news/emhrngender-press-releases/10786.html. Zugegriffen: 20. Aug. 2012.

EuroMeSCo. 2006. *Women as full participants in the Euro-Mediterranean community of democratic states.* Lisboa: EuroMeSCo. http://www.euromesco.net/.

Harders, Cilja. 2011. Gender relations, violence and conflict transformation. http://humansecuritygateway.com/documents/BERGHOF_GenderRelationsViolenceandConflictTransformation.pdf. Zugegriffen: 24. Aug. 2012.

Hassan, Riffat. 1997. Feministische Interpretation des Islams. In *Feminismus, Islam, Nation. Frauenbewegungen im Maghreb, in Zentralasien und der Türkei*, Hrsg. Claudia Schöning-Kalender, Aylâ Neusel, und Mechthild M. Jansen, 217–233. Frankfurt a. M.: Campus.

Hassim, Shireen. 2003. The gender pact and democratic consolidation: Institutionalizing gender equality in the South African state. *Feminist Studies* 29 (No. 3, Fall 2003): 505–528.

Horst, Jakob, Annette Jünemann, und Delf Rothe. Hrsg. 2012. *Euro-Mediterranean relations after the Arab Spring: Persistence in times of change.* Farnham: Ashgate Publishers.

Horst, Jakob, et al. 2013. Logics of action in the Euro-Mediterranean political space. An introduction to the analytical framework. In *Euro-Mediterranean relations after the Arab Spring: Persistence in times of change*, Hrsg. Jakob Horst, Annette Jünemann und Delf Rothe. Farnham: Ashgate Publishers (im Erscheinen).

Hussein, Amr, Eva Schmidt, und Anja Zorob. 2012. Medien und die Revolution. Die Förderung von Geschäftsfrauen als Legitimierung der Regierung. *Mediterranes* 1 (2012): 62–64.

Jünemann, Annette. 2003. The forum civil Euromed: Critical watchdog and intercultural mediator. In *A new Euro-Mediterranean cultural identity*, Hrsg. Stefania Panebianco, 84–107. London: Frank Cass.

Jünemann, Annette. 2004. Civil society and transnational non-governmental organizations in the Euro-Mediterranean partnership. In *Civil society in democratization*, Hrsg. Peter Burnell und Peter Calvert, 206–224. London: Taylor & Francis.

Jünemann, Annette. 2009. Zwei Schritte vor, einer zurück: Die Entwicklung der europäischen Mittelmeerpolitik von den ersten Assoziierungsabkommen bis zur Gründung einer „Union für das Mittelmeer". In *Der Mittelmeerraum als Region, EZFF, Occasional Papers Nr. 35*, Hrsg. Rudolf Hrbek und Hartmut Marhold, 26–59.

Jünemann, Annette, und Julia Simon. 2013. Europa und die Arabellions: Zur Wiederentdeckung der Zivilgesellschaft in der EU-Mittelmeerpolitik. In *Grenzen der Integration. Europas strategische Ansätze für die Nachbarregion*, Hrsg. Eckart D. Stratenschulte, 79–120. Baden-Baden: Nomos.

Jünemann, Annette, und Anja Zorob. Hrsg. 2013. *Arabellions – Zur Vielfalt von Protest und Revolte im Nahen Osten und Nordafrika.* Wiesbaden: Springer.

Kelly, Sanja. 2010. Hard-won progress and a long road ahead: Women's rights in the Middle East and North Africa. In *Women's rights in the Middle East and North Africa. Progress Amid Resistance*, Hrsg. Sanja Kelly und Julia Breslin. New York: Freedom House.

Kreile, Renate. 2009. Transformation und Gender im Nahen Osten. In *Der Nahe Osten im Umbruch. Zwischen Transformation und Autoritarismus*, Hrsg. Martin Beck, Cilja Harders, Annette Jünemann und Stephan Stetter, 253–276. Wiesbaden: VS Verlag.

Kynsilehto, Anitta, und Tuomo Melasuo. 2006. Gender equality: A truly Euro-Mediterranean concern? *Quaderns de la Mediterrània* 7: 209–215.

Lübben, Ivesa. 2013. Welche Rolle für den Islam? In *Arabellions – Zur Vielfalt von Protest und Revolte im Nahen Osten und Nordafrika*, Hrsg. Annette Jünemann und Anja Zorob, 279–306. Wiesbaden: Springer.

Mashhour, Amira. 2005. Islamic law and gender equality – could there be a common ground? A study of divorce and polygamy in Sharia law and contemporary legislation in Tunisia and Egypt. *Human rights Quaterly* 17 (2): 265–296.

Mernissi, Fatima. 2004. *Herrscherinnen unter dem Halbmond. Die verdrängte Macht der Frauen im Islam.* Freiburg: Herder.

Pavlik, Peter. 2005. Equality without gender: Implementation of the EU initiative EQUAL in the Czech republic. In *The policy of gender equality in the European Union*, Hrsg Annette Jünemann und Carmen Klement, 146–156. Baden-Baden: Nomos.

RDFL/IFE. 2011. Joint statement of Assoziation Najdeh, RDFL, and IFE released in a workshop „equality first: Promoting a common agenda for equality between women and men through the Istanbul process", held on 17th–18th December 2011 in Beirut, Lebanon.

Regan, Colm. 2012. Women, citizenship and change: The role of the women's movement in the Arab world. In *Change and opportunities in the emerging Mediterranean*, Hrsg. Stephen Calleya und Monika Wohlfeld, 234–251. Malta: Mediterranean Academy of Diplomatic Studies.

Said, Edward. 1979. *Orientalism*. New York: Vintage.

Sauer, Birgit. 2003. Zum Zusammenhang von Staat und Demokratie. Eine geschlechterkritische Einführung. In *Staat, Demokratie und Geschlecht – aktuelle Debatten, gender-politik-online*. http://web.fu-berlin.de/gpo/pdf/birgit_sauer/birgit_sauer.pdf. Zugegriffen: 5. Juni 2012.

Sholkamy, Hania. 2012. Women are also part of this revolution. In *Arab Spring in Egypt. Revolution and beyond*, Hrsg. Korany Bahgat und Rabab El-Mahdi. Cairo/NewYork: The American University of Cairo Press.

Siklova, Jirina. 2005. Welcher Feminismus existiert im Postkommunismus? Ein deutsch-tschechischer Vergleich. In *The Policy of Gender Equality in the European Union*, Hrsg. Annette Jünemann und Carmen Klement, 165–172. Baden-Baden: Nomos.

Zataari, Zeina. 2006. The culture of motherhood: An avenue for women's civil participation in South Lebanon. *Journal of Midlle East Women's Studies* 2 (No. 1, Winter 2006): 33–64.

Zorob, Anja. 2013. Der Zusammenbruch des autoritären Gesellschaftsvertrags. In *Arabellions – Zur Vielfalt von Protest und Revolte im Nahen Osten und Nordafrika*, Hrsg. Annette Jünemann und Anja Zorob, 229–256. Wiesbaden: Springer VS.

Dokumente

European Commission. 2011. Gemeinsame Erklärung der Hohen Vertreterin der Europäischen Union für Außen- und Sicherheitspolitik und der Europäischen Kommission: Eine neue Antwort auf eine Nachbarschaft im Wandel. KOM (2011) 303 (25.05.2011). http://ec.europa.eu/world/enp/pdf/com_11_303_de.pdf. Zugegriffen: 27. Okt. 2011.

Ministerial Conclusions on Strengthening the Role of Women in Society, Brussels. 2006. http://eeas.europa.eu/euromed/women/docs/conclusions_1106.pdf. Zugegriffen: 4. Juni 2012.

OECD Social Institutions and Gender Index (SIGI). 2012. http://www.genderindex.org/ranking/Middle%20East%20and%20North%20Africa. Zugegriffen: 26. Juni 2012.

United Nations Development Programme, Arab Fund for Economic and Social Development: Arab Human Development Report. 2002. http://www.arab-hdr.org/publications/other/ahdr/ahdr2002e.pdf. Zugegriffen: 14. Juni 2012.